Chats
du Moyen Âge

Titre original :
Medieval Cats
First published in 2011 by The British Library
Text © Kathleen Walker-Meikle 2011
Images © The British Library and other named copyright holders 2011

© 2013, pour la traduction française,
Société d'édition Les Belles Lettres
95 bd Raspail 75006 Paris
www.lesbelleslettres.com

ISBN : 978-2-251-44482-6

Chats
du Moyen Âge

KATHLEEN WALKER-MEIKLE

Traduit par
Laurent Bury

Les Belles Lettres

...por a re la

ina kynge . for felle

seye sayn of hem .

uerse maneres of

afmtyous and uau

rialy per be some

lypardes . and som

ene loupes ceruye

and hit is ynel y s

*L*es chats sont représentés dans les manuscrits tout au long du Moyen Âge, souvent avec une minutie charmante, et fréquemment accompagnés par leurs ennemies mortelles, les souris. On les trouve dans les bestiaires, dans les textes de philosophie naturelle et dans les manuels de chasse, à côté de descriptions de félins et d'autres animaux. Mais ils apparaissent plus souvent sous la forme de *marginalia*, ces petites illustrations dessinées dans les marges des manuscrits, sans lien avec le texte, qu'il soit théologique, liturgique ou romanesque, mais simplement pour distraire et amuser le lecteur.

Les chats médiévaux sont dépeints sous des aspects très divers : humbles chasseurs domestiques ou créatures magiques, comme les deux chats mythologiques qui tiraient le char de la déesse nordique Freyja. Il existe aussi des représentations symboliques plus négatives : au début du XIVᵉ siècle, Arnold de Liège comparait le chat jouant avec une souris au diable jouant avec une âme humaine. Appréciés comme animaux familiers, les chats étaient admirés pour leur ruse et vilipendés pour leur nature diabolique. Ils étaient des compagnons choyés par les membres des ordres monastiques, mais également utilisés par la magie. Et au Moyen Âge, un chat avait probablement moins de neuf vies : le danger n'était jamais loin, en la personne d'un marchand de fourrure ou d'un groupe d'étudiants turbulents.

Un chat sauvage tacheté dans un livre sur la chasse.
Le Maître du gibier, par Edouard, duc d'York, Angleterre, milieu du XVᵉ siècle.

n connaît peu de noms portés par des chats, même si certains textes juridiques en vieil irlandais en mentionnent quelques-uns, dont Méone (« Petit Miaou »), Cruibne (« Petites Pattes »), Bréone (« Petite Flamme », sans doute un chat roux) et Glas nenta (« Gris ortie »). Un chat est esquissé dans la marge d'un livre de comptes du XIIIe siècle venant de Beaulieu Abbey, accompagné du nom « Mite » (voir illustration ci-dessous). On connaît Pangur Bán, chat blanc appartenant à un moine irlandais du IXe siècle qui lui consacra un poème du même nom.

Dessin à la plume d'un chat accompagné du nom « Mite ».
Livre de comptes de l'abbaye cistercienne de Beaulieu, Angleterre, vers 1270.

Dans une initiale C, un chat attrape une souris.
Psautier, St Augustine's Abbey, Canterbury, vers 1210-1220.

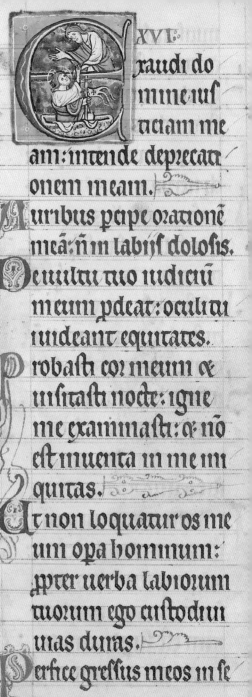

requiescet in spe.

Quoniam non derelinqs
animã meã in inferno:
nec dabis scm tuum ui
dere corruptionem.

Notas michi fecisti uias
uite: ad implebis me le
ticia cum uultu tuo: de
lectationes in dextera tu
a usq; in finem. ORATIO.

Conserua nos
famulos qs
& effice uo
luntatem tuam nobis
cum. ut clarificati le
ticia resurrectionis tue
mereamur a dextris tu
is cum omnibus sanc
tis delectari. p.

Propheana oratio de hu
militate xpi in hoc
psalmo deprimitur.

XVI.

Exaudi do
mine ius
ticiam me
am: intende deprecati
onem meam.

Auribus pcipe oratione
meã: ñ in labiis dolosis.

De uultu tuo iudiciũ
meum pdeat: oculi tu
uideant equitates.

Probasti cor meum &
uisitasti nocte: igne
me examinasti: & nõ
est inuenta in me in
quitas.

Ut non loquatur os me
um opa hominum:
ppter uerba labiorum
tuorum ego custodiu
uias duras.

Perfice gressus meos in se

> « Je suis aussi mélancolique
> qu'un vieux chat ou qu'un ours à l'attache. »
>
> Falstaff dans *Henry IV* de Shakespeare,
> première partie (acte I, scène 2).

Au Moyen Âge, le nom anglais le plus courant pour un matou était Gyb (abréviation du prénom masculin Gilbert). C'était un nom générique, donné à l'espèce entière du chat domestique, tout comme on appelait Philip les moineaux et Mag les pies. Mais ce pouvait aussi être le nom d'un animal en particulier : le sceau d'un certain Gilbert Stone, vers la fin du XIVe siècle, représente un chat tenant une souris, avec la légende « GRET : WEL : GIBBE : OURE : CAT » (« Saluez Gib notre chat »). On trouve un « Gybbe, notre chat gris » dans le poème « Leve Lystynes », de la fin du XVe siècle.

Dans sa version de la fable du rat des villes et du rat des champs, Robert Henryson, poète écossais de la fin du XVe siècle, décrit comment

> Quand deux souris sont sur une table,
> À peine ont-elles bu une ou deux fois,
> Qu'entre Gib le Chasseur, notre chat.

Dans le même texte, Henryson utilise le nom écossais Baudrons comme nom générique pour un chat.

Un chat gris rayé tient dans ses pattes une souris brune.
Psautier de Luttrell, Angleterre, vers 1325-1335.

mirabilia tua: non

tores multitudinis n

uerunt ascendentes in

Dans le poème français *Le Roman de la Rose*, le chat s'appelle Tibers (et devient « Gibbe notre chat » dans la version anglaise). Tibers, ou Tibert, était le nom générique du chat domestique en France. Tibert le Chat est ainsi l'un des compagnons du goupil dans le *Roman de Renart*. Cela explique pourquoi, dans *Roméo et Juliette*, Mercutio déclare au cousin de Juliette, Tybalt : « Bon roi des chats, j'ai l'intention de disposer d'une de vos neuf vies » (acte III, scène 1).

Un agile chat orangé poursuit deux grosses souris.
Bestiaire et lapidaire, Angleterre, milieu du XIIIᵉ siècle.

Sur cette enluminure quatre souris mettent le monde sens dessus dessous et pendent au gibet un chat, leur ennemi habituel.
Psautier de Rutland, Angleterre, vers 1250-1260.

gradeos: ualcenub; n abloz muuentum ad

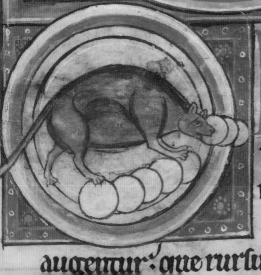

uulgrī
uocant
captat
tam ac
gore lu
nebraſ
greco u
gemoſ
beſzā

ys puſillum a
nomen eſt quic
hīt. latinū fit
reſ quod ex humore tre
muſ tra. unde & humu
nto recur creſcat. ſicut qu
augentur: que rurſuſ minuente luna deficiu

*L*a valeur économique des chats à l'époque médiévale est difficile à déterminer, car ils avaient un statut mixte, à la fois chasseurs de souris et animaux de compagnie. À en juger d'après le bas prix des peaux de chat, on peut supposer qu'elle n'était guère élevée. Exception à cette règle, les chats occupent un rang très haut dans un texte juridique irlandais du début du Moyen Âge, Catslechtae, où un chat vaut trois vaches s'il sait ronronner et attraper les souris. Un chat qui savait seulement ronronner était estimé à une vache et demie, et un chaton ne représentait qu'un neuvième de la valeur de sa mère jusqu'à ce qu'il soit sevré.

Les lois édictées au Xᵉ siècle par Hywel Dda, roi de Deheubarth, au pays de Galles, évaluaient les chats selon leur âge : un penny pour un chaton, du soir de sa naissance jusqu'à ce qu'il ouvre les yeux ; deux pence pour un chaton depuis le moment où il ouvrait les yeux jusqu'à ce qu'il sache tuer des souris ; puis quatre pence pour le même chat dès lorsqu'il se mettait à tuer des souris.

Enluminure représentant deux chats : le blanc tient une souris dans ses pattes, tandis que le gris attrape une souris qui « s'échappe » en marge.
Bestiaire, Angleterre, début du XIIIᵉ siècle.

Médaillon orné de trois chats, deux gris et un orangé tenant une souris, à côté du mot *musio* (« chat »), qui ouvre un chapitre sur les chats dans ce bestiaire.
Angleterre, milieu du XIIIᵉ siècle.

n sait qu'il existait un commerce des chats. Eleanor de Montfort, comtesse de Leicester, par exemple, acheta pour deux pence un chat (et du lait pour ses chiens de compagnie) en février 1265, alors qu'elle se trouvait à Odiham. Mais la valeur d'un chat tenait parfois au point de vue de l'acquéreur, comme lors d'un procès intenté à Chalgrave en 1294 : « William Yngeleys se plaint de John Saly et de Christina sa sœur, parce qu'ils détiennent un certain chat au détriment de William, détriment dont il aurait volontiers été soulagé moyennant 6 pence. »

Initiale T (pour « The cat »), ornée d'un chat sauvage tacheté. *Le Maître du gibier*, par Edouard, duc d'York, Angleterre, milieu du XVe siècle.

Un chat assis et une souris qui court, accompagnés de légendes en latin, *muriligo* (« chat ») et *mus* (« souris ») sont dessinés dans la marge gauche de cet herbier.

Italie, vers 140

aduriligo sine.
arelthir.

On a peu de témoignages d'achats de nourriture spécifiquement destinée à des chats ; ils se régalaient sans doute des souris et des rats qu'ils capturaient, et peut-être de restes occasionnels si leur maître était généreux. Dans les comptes d'un manoir à Cuxham, dans l'Oxfordshire, pour l'année 1293-1294, une des entrées fournit un exemple exceptionnel de nourriture (du fromage) achetée spécialement pour un chat.

Les souverains pouvaient bien sûr se montrer plus extravagants. Isabeau de Bavière, épouse du roi de France Charles VI, dépensait beaucoup pour ses animaux de compagnie : elle commanda notamment un collier brodé de perles et à fermoir d'or pour son écureuil favori. Dans ses comptes, on lit en 1406 : « Pour une aune de drap de couleur vert gai, pour faire une couverture pour la chatte de la reine, seize sols. »

Sur cette image représentant le mois de janvier, un jeune homme debout devant un brasier est accompagné d'un chat. Janus est assis à gauche.
Calendrier, Angleterre, milieu du XIIᵉ siècle.

Un chat blanc est assis, une souris noire dans la gueule, non loin d'un écureuil.
Bréviaire de Renaud de Bar, France, 1302-1303.

quod iustum fuerit dabo uobis.

De feria. capitulum.

Non sumus subtractois filij in perditione. sed in acquisitionem anime in xpo ihu domino nro. ℣ In et num dñe. aim ℣ ut in dominica.

Domine nem ua.

u'ils pratiquent leur métier de chasseur de souris ou qu'ils soient en résidence dans la maison, les chats étaient en contact étroit avec leur maître. Au XVe siècle, de nombreux manuels de courtoisie affirmaient qu'il n'était pas correct de laisser les animaux se promener dans la salle à manger ou s'installer sur la table pour que leur maître les nourrisse ou les caresse. Selon *The Boke of Curtasye* (*Le Livre de courtoisie*) :

> Chaque fois que tu t'assieds à table
> Évite d'avoir le chat sur le bois nu,
> Car si tu touches chat ou chien,
> Tu es comme un singe attaché à un morceau de bois.

Un chat gris est assis dans un intérieur où une femme dresse la table tandis qu'un homme se réchauffe les mains près du feu. 🐾

Page de calendrier pour le mois de janvier, artistes flamands, fin du XVe siècle.

Un chat et deux chiens figurent au premier plan de cette représentation de la Cène. 🐾
Heures d'Éléonore-Hippolyte de Gonzague, Italie, 1530-1538.

on contents de s'introduire dans les pièces à vivre, les chats envahissaient même les chambres à coucher, pratique que déplorait le *Boke of Nature* (Livre de la nature). Cet ouvrage demandait aux maîtres de « faire sortir chien et chat, ou bien de leur donner une tape ». Un conte de la fin du Moyen Âge relate les mésaventures d'un chevalier repoussé par la dame dont il est épris. Il revient chez elle la nuit et, alors qu'il entre dans la chambre, laisse le chat de la dame le griffer. Admirant la discrétion dont il fait preuve après cet incident, elle devient sa maîtresse. Mais le chevalier refuse alors de l'épouser, prétextant qu'il a peur de son chat !

Dans le *Conte des trois perroquets*, de Thomas de Saluces (fin du XIVᵉ siècle), une dame reçoit son amant chez elle. Le lendemain, elle interroge ses perroquets. Comme les deux premiers parlent de sa liaison, elle les tue, et attribue leur mort à son chat (le troisième perroquet, décidant que la discrétion est une belle et noble qualité, préfère se taire !).

 Un chat marche sur un toit à l'arrière-plan d'une Vierge à l'Enfant.
Livre d'heures, Flandres, vers 1480.

Un chat est assis sur un berceau dans cette Naissance de saint Jean-Baptiste.
Heures d'Éléonore-Hippolyte de Gonzague, Italie, 1530-1538.

Les chats domestiques couraient le risque d'être capturés par les écorcheurs qui revendaient leur fourrure. Prévôt de Paris en 1268, Étienne Boileau évaluait à deux deniers la taxe sur une demi-douzaine de peaux de chats sauvages et à un denier la demi-douzaine de « chats privés que l'on appelle chat de feu ou de foyer ».

Salimbene de Adam, chroniqueur franciscain du XIIIᵉ siècle, recense les chats de compagnie, abandonnés dans les villes pillées par le saint empereur romain, Frédéric II, en Italie du Nord, qu'un homme entreprenant captura pour leur fourrure : « Il avait pris avec un piège vingt-sept beaux chats dans certains villages brûlés, et il avait vendu leur peau à des peaussiers ; sans aucun doute c'étaient, au temps de la paix, des chats domestiques de ces villages. »

Les chats urbains étaient menacés : Salimbene nota aussi comment, en 1284, une grande épidémie frappa exclusivement les chats des villes.

Sur une initiale D enluminée,
un chat noir poursuit une souris.
Livre d'heures, Angleterre, fin du XIIIᵉ siècle.

Un chat blanc et une souris.
Heures de la Vierge, Pays-Bas,
XIIIᵉ-XIVᵉ siècles.

es de unigi

rai in sem

enedicar

on

ad

um in uni

Quoniar

ra tua su

ıs т deus meus.

ati qui habitant in dom

ine in secula seclox laudal

catis vir cuius est auxili

nctiones in cordesuo disp

Les chats étaient couramment sacrifiés comme boucs émissaires rituels lors de réjouissances populaires dans toute l'Europe. À Ypres, le deuxième mercredi du carême, une fête avait lieu dans toute la ville, avec grande procession, pour conclure laquelle on jetait des chats du haut d'un beffroi. À Paris, la veille de la Saint-Jean-Baptiste (le 24 juin, jour du solstice d'été), la ville participait aussi à une fête impliquant des chats. En place de Grève, site habituel des exécutions, on dressait un bûcher auquel on suspendait une ou deux dizaines de chats dans des sacs. Installé dans des galeries temporaires, le roi observait le spectacle avec sa cour, après quoi il offrait au peuple un grand festin. Ce n'est pas seulement à Paris qu'on brûlait des chats pour le solstice d'été : cette pratique avait également cours à Metz et à Saint-Chamond.

Un chat rayé, brun-rouge, escalade le décor bordant le texte et détourne la tête, une souris dans la gueule. ➢
Psautier et Heures, France, vers 1300.

➢ Un chat joue du tambour tandis qu'un âne joue de la trompette.
Psautier de la reine Marie, Angleterre, 1310-1320.

La cruauté envers les chats venait de tous les milieux sociaux.
Au début du XIIIe siècle, Jacques de Vitry explique une plaisanterie à laquelle s'amusaient les étudiants de l'université de Paris. Ils plaçaient un dé dans la patte d'un chat et le « laissaient lancer ». Si le chiffre obtenu était supérieur au nombre d'étudiants, on nourrissait le chat ; s'il était inférieur, on écorchait la pauvre bête et on en vendait la peau.

Le poil hérissé, un chat fait le gros dos devant un chien.
Livre d'heures, France, vers 1400.

Un chat poursuit une souris entre deux hommes qui se battent.
Psautier, Angleterre, vers 1340.

Les récits de famines ou de sièges précisent souvent qu'on en vint à manger des chats et des chiens pour souligner la gravité de la pénurie, ni l'un ni l'autre de ces animaux ne faisant partie de l'alimentation ordinaire de la population.

Une machine de siège s'appelait « chat » : il s'agissait d'une haute structure en bois, équipée d'un bras mobile pour s'agripper au rempart.

Lors des fouilles de sites médiévaux, on a retrouvé des chats. Un chantier à Vérone a livré une importante quantité d'ossements de chat, datant surtout du XIIIe siècle, ce qui indique que les cadavres de chats étaient en général jetés dans quelques fosses à ordures. Les chats pouvaient remplir des fonctions variées, comme animaux de compagnie ou comme sources de peaux, mais on n'a rien trouvé sur ces vestiges suggérant qu'ils auraient été employés comme viande de boucherie.

Il arrivait aussi que des chats soient enterrés vivants dans des bâtiments du Moyen Âge. On a proposé à cela diverses explications : intrusion accidentelle de l'animal, sacrifice lors de la pose des fondations, moyen d'éloigner les souris. Le chat et la souris retrouvés dans une petite cavité murale à Hay Hall, à Birmingham, avaient dû être placés là dans un but précis : le bâtiment fut construit au XIIIe siècle et, comme la niche était scellée, ils n'avaient pu y entrer ensuite par accident.

Dans ce texte de bestiaire, une des images montre un chat faisant sa toilette, un autre tenant une souris.

Angleterre, 1300

30

Un chat à rayures vertes et une souris ornent une initiale I. ☞

Justinien, *Codex Justiniani*, Angleterre, vers 1250.

En Angleterre, selon la loi somptuaire de 1363, le chat, l'agneau, le lapin et le renard étaient les seuls types de peau qu'étaient autorisés à porter les gentilshommes dont le rang était inférieur à celui de chevalier et possédant des terres rapportant jusqu'à cent livres de rentes, les artisans dont les biens s'élevaient à cinq cents livres de rente, et tous les fermiers et domestiques. La fourrure de chat, perçue comme de médiocre qualité, était en général vendue par des colporteurs. Dans *Pierre le Laboureur*, de William Langland (vers 1377), Convoitise dit :

J'ai autant pitié des pauvres qu'un colporteur a pitié des chats : il les tue dès qu'il peut les attraper, car il convoite leur peau.

Un grand chat rayé est représenté avec une souris dans la gueule.

Bestiaire, Angleterre, milieu à fin du XIIIe siècle.

On peut voir un chat (en bas à droite) sur cette page de titre de l'Évangile selon saint Marc.

Évangiles de Lindisfarne, Northumbrie, fin du VIIe ou début du VIIIe siècle.

QUIDE

morigo   cunnendo

MULTICH

poepon   þrelm ge

SUNTORDINA

geraga

RATIONEM

les xv ioies
Douce dâme de
misericorde me
re de pitie fontai
ne de tous biés

Les chats étaient souvent associés aux ordres monastiques, peut-être à cause de leur caractère calme et contemplatif. On doit à un moine irlandais anonyme vivant en Carinthie un poème en hommage à son chat de compagnie, Pangur Bán, écrit au VIIIe ou IXe siècle dans la marge de son exemplaire des Épîtres de saint Paul :

Pangur Bán, mon chat, et moi,
Partageons les mêmes exploits ;
Son bonheur est de chasser les souris,
Moi, je chasse les mots chaque nuit...
Souvent une souris s'aventure
Sur la route du héros Pangur,
Souvent mon esprit affûté
Attrape un sens en ses filets.
Il fixe le mur, de son regard
Perçant, farouche et noir ;
Je fixe le mur du savoir
Avec mon peu de sagesse.
Quand une souris sort de son trou,
Pangur alors est comme fou !
Et quel bonheur quand je résous
Les énigmes qui me sont chères !

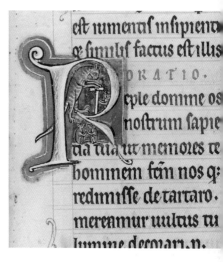

Un petit chat se trouve dans l'herbe aux pieds de cette Vierge à l'Enfant.
Livre d'heures, Flandres, 1430-1440.

Dans une initiale R, un chat prêche, appuyé à un lutrin ; une souris l'écoute et deux autres jouent.
Psautier, St Agustine's Abbey, Canterbury, vers 1210-1220.

La *Vita Sancti Brendani* (Vie de saint Brendan) raconte comment le saint irlandais Brendan rencontra au cours de ses voyages un chat marin géant, créature agressive dont l'histoire est relatée par le seul moine survivant sur l'île : « Nous arrivâmes en bateau avec notre chat très amical, qui devint très gros à force de manger du poisson, mais Jésus-Christ, Notre-Seigneur, ne lui a jamais permis de nous faire du mal. »

Le récit est développé dans le *Livre de Leinster*, recueil de contes en vieil irlandais, qui explique comment trois étudiants partirent en pèlerinage avec trois pains et leur chat. Ils arrivèrent dans une île où le chat leur rapportait chaque jour trois saumons. Ils décidèrent de ne pas manger le butin du chat et, par chance, le Ciel leur envoya de la nourriture au bout de six jours. Mais le chat continua à manger tellement qu'il devint le chat de mer géant qui attaqua saint Brendan.

Un ajout populaire à la légende d'Alexandre le Grand lui fait accomplir un voyage sous-marin dans une bathysphère, accompagné d'un coq et d'un chat.

Le Livre et le vraye hystoire du bon roy Alexandre, France, début du XVᵉ siècle.

lorequel le roy Alixan
dre leur respondi
et dist en telle
maniere / Seigneurs
qui entent a venture
qui a croistre son los
ouoir se se doit haste
aux perilz de fortune
et me pensez quil
veil a fer emme / car
mauuaise parole
proesse ne bale
me suy habandon
veil se y ay tant

pou ault / Car iay veu
les petiz poissons qui
par entin desconfisoient
les grans qui par force
ny pouoient auenir ~
Comment le roy alixandre
et son ost se combatirent
contre bestes sauuages
lesquelles auoient ou
front vne corne trenchat
come vne espee   Ca .6e.

Les religieuses appréciaient la compagnie des chats, même si cette pratique n'était pas toujours vue d'un bon œil. Un ensemble de règles édictées au début du xve siècle dans le couvent de Langendorf, en Saxe, souligne que « les religieuses ne doivent garder ni chats, ni chiens, ni autres animaux, car ils détournent leur attention des choses sérieuses ».

Dans *Ancrene Riwle*, manuel du début du xiiie siècle destiné aux femmes ermites, une règle autorise les chats, mais interdit tout autre animal de compagnie : « Sauf si la nécessité vous y oblige, mes chères sœurs, et si votre directeur vous le conseille, vous ne devez pas avoir d'autre animal qu'un chat [...] Si l'une de vous doit en avoir un, qu'elle veille à ce qu'il n'ennuie personne ou ne fasse de mal à quiconque, et qu'elle ne le laisse pas occuper ses pensées. Une anachorète ne devrait rien avoir qui attire son cœur vers l'extérieur. »

Au xiie siècle, dans son *Liber simplicis medicinae* (Livre des médecines simples), la religieuse Hildegarde de Bingen mentionne le manque de loyauté des chats, qui restent uniquement auprès de ceux qui les nourrissent.

Une religieuse file la laine et joue avec un chat blanc qui bondit, la bobine entre les pattes.
Heures de la Vierge, Pays-Bas, XIIIe–XIVe siècles.

Un chat et un chien surgissent du décor et se défient.
Lectionnaire de Grégoire XIII, Italie, 1578.

eus non com
bitur: adiuua
m deus mane

*L*a présence d'un chat pouvait être justifiée par des raisons pratiques : il pouvait officiellement servir à détruire les bêtes nuisibles, et ainsi devenir un animal de compagnie « par la petite porte ». Ce fut littéralement le cas des chats « officiels » de la cathédrale d'Exeter, dans les comptes de laquelle, entre 1305 et 1467, on trouve des entrées *custoribus et cato* (« pour les gardiens et le chat ») et *pro cato* (« pour le chat »), d'un montant d'un penny par semaine, pour compléter la nourriture de l'animal, outre les bestioles qu'il était censé anéantir). Il existe encore une chatière dans la porte du mur du transept nord.

Dans une initiale Q, un chien mord un chat qui à son tour mord une souris (tout en terrassant une autre souris sous sa patte).
Moralia in Job, Grégoire le Grand, Allemagne, fin du XIIe siècle.

Un gros chat gris et blanc mange une petite souris.
Livre d'heures, Angleterre, fin du XIIIe siècle.

quod ipsi mentientes pertrahebant culpam. augebat
pculdubio penam rusti. uulnerib afflicti. Nam secum
mentes qa ueritatem diligt cum culpa fallacie tor
quet aliene: Quanto enim mendacij que ee cernen
aspiciunt: tanto hoc ñ solum infe: s. et aliis oderi
finit Liber x.xv. Incipit. xvi.

vi contra ueritatis
tis uerba in alle
gatione deficiunt.
sepe etiam nota
replicant: ne ta
cendo uicti uide
ant. unde eli
phaz beati iob
sermonib pressus

i le chat devint un animal courant parmi les religieux, sa présence dans un contexte monastique n'allait pas toujours de soi. En de rares occasions, les chats pouvaient constituer un danger, comme le jour où une prieure de Newington fut apparemment asphyxiée dans son lit par son chat alors qu'elle dormait. Dans l'élégie composée au début du XVIᵉ siècle par John Skelton, « Le Livre de Philip Sparrow », on déplore amèrement la mort du moineau favori de Jane Scrope, religieuse du couvent de Carrow, près de Norwich :

> J'ai pleuré et gémi,
> Versé grêle de larmes,
> Mais je rappelle en vain
> À la vie mon Philip
> Occis par Gyb le chat.

On ne trouve dans la Bible aucune référence aux chats, mais sur cette miniature représentant saint Marc rédigeant son Évangile, il n'est pas seulement accompagné d'un lion, son animal symbolique, mais aussi d'un chat gris. 🖎
Artistes flamands, fin du XVᵉ siècle.

Secundum marcum
N illo tempore recu

our Salimbene de Adam, chroniqueur franciscain du XIIIᵉ siècle, il y avait une différence entre l'amour des animaux sauvages manifesté par saint François et le fait d'avoir un animal de compagnie, qui lui semblait frivole, parce que le propriétaire perdait le respect des autres moines : « J'ai vu dans mon propre ordre, celui du bienheureux François et des Frères mineurs, certains prédicateurs qui, malgré leur grande érudition et leur grande sainteté, pâtissaient néanmoins d'être jugés frivoles par les autres. Car ils aiment à jouer avec des chats, de petits chiens et de petits oiseaux, mais pas comme le bienheureux François jouait avec un faisan et une cigale alors qu'il mettait son plaisir en l'Éternel. »

À la Création, les animaux vivaient en harmonie, sauf le chat qui, toutes griffes dehors, épie une souris et songe déjà à son prochain repas. ☞
Livre d'heures, France, milieu du XVIᵉ siècle.

Le recueil *De proprietatibus rerum* (Des propriétés des choses), rédigé au XIIIe siècle par Bartholomeus Anglicus, propose de fausses étymologies pour les termes latins *mureligus, musio* et *catus*, apparues d'abord dans les travaux d'Isidore de Séville. Il explique que les deux premiers mots viennent de ce que le chat est l'ennemi des souris (*mus* en latin). Du troisième, *catus*, il prétend qu'il dérive du verbe latin *captare*, « capturer ». Il explique qu'il existe des chats de différentes couleurs – blanc, roux et noir – et que certains sont tachetés comme les léopards. Ils ont une large gueule, des dents pointues et une longue langue souple. Quand ils sont jeunes, dit-il, ils sont très enclins à la luxure et sautent sur tout ce qu'on met devant eux, mais en vieillissant ils s'alourdissent et ont toujours sommeil.

⌐ Un gros chat tigré (*musio*) regarde une souris (*mus*) en dessous de lui, dans un bestiaire décrivant chaque animal.

Angleterre, vers 1170.

Trois chats sont représentés, dont l'un pendu la tête en bas, ainsi qu'une souris juchée sur un œuf, et un rat. ⌐

Le Livre Tudor des motifs, Angleterre, vers 1520-1530.

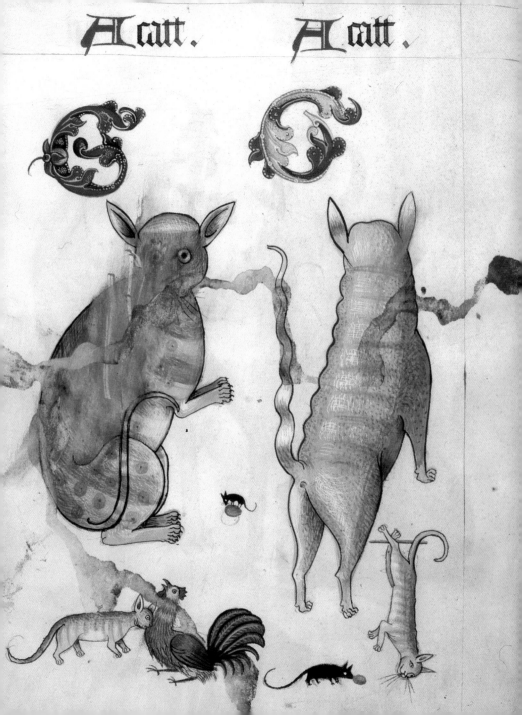

On trouve quantité de légendes sur les chats dans les ouvrages d'histoire naturelle et les encyclopédies. Au XIIIᵉ siècle, dans son *De natura rerum* (De la nature des choses), l'encyclopédiste Thomas de Cantimpré explique pourquoi les chats ronronnent : « Ils aiment à être caressés par la main d'une personne et ils expriment leur choix par leur propre forme de chant. »

Dans les bestiaires, qui réunissent tout le savoir populaire concernant les animaux, tiré de sources aussi diverses que saint Ambroise, le *Physiologos*, Solin et Isidore de Séville, le chat est loué pour ses qualités de chasseur de souris, et pour sa vue perçante qui triomphe des ténèbres de la nuit.

Illustrations tirées d'une traduction en moyen néerlandais du *De natura rerum* de Thomas de Cantimpré : un gros chat gris-blanc (ci-contre) dévore une souris, planté dans une touffe d'herbe verte, à côté du mot « cat » ; deux chats attaquent des serpents qui ressemblent à des dragons (ci-dessous).

Flandres, XIIIᵉ siècle.

h oet vechten si houe ghewaghen

a et paddaen die uenijn draghe̅

a aer drinken si niet te hant dar naer

g i steruen van durste daer

D en serpenten doen si pine

O ughescadet van haren venine

f alse die catten
willen riden .
wer den si wilt
en willen tide̅
vre dane̅ om
hare ghenoet

h are vechten onderlanghe es groet

D att bedi dat wanemen wale

D at ele wil ouden sinen pale

D ar hi inmusen sal

a lse mense striket verheft soe hare al

W arme steden mint soe so wel

D at hem dicken ouernet dat vel

C ortemen hare gherne̅ an hare bart

aint Albert le Grand, dans son *De animalibus* (Des animaux), explique que le chat « prend plaisir à la propreté et, pour cette raison, imite un homme qui se lave le visage en se léchant les pattes de devant pour en lisser toute sa fourrure [...] Cet animal aime à être légèrement caressé par des mains humaines et il est joueur, surtout quand il est jeune. Quand il voit sa propre image dans un miroir, il joue avec elle, et si par hasard il se voit dans l'eau d'un puits, il veut jouer, tombe dedans et se noie car l'humidité le blesse et il meurt si on ne le sèche pas aussitôt. Il goûte en particulier les lieux chauds, et on le gardera d'autant plus aisément à la maison qu'on lui aura coupé les oreilles, puisqu'il ne supporte pas que la rosée nocturne lui coule dans les oreilles. Il existe à l'état sauvage et domestique. Les sauvages sont tous de couleur grise, mais les domestiques sont de teintes variées. Ils ont des moustaches autour de la gueule, et si on les leur coupe, ils perdent leur témérité ».

🐾 Un chat assis dans une initiale L.
Psautier, St Augustine's Abbey, Canterbury, vers 1210-1220.

Trois chats pratiquent des activités félines pour illustrer le texte d'un bestiaire. L'un d'eux dort roulé en boule, un autre glisse une patte dans une cage à oiseau, et le troisième tire une souris d'un nid rempli d'œufs. 🐾

Angleterre, milieu du XIIIᵉ siècle.

Muſio appellatus qʼuod muribʒ infeſt
ſit. Hunc uulgus catum a captura
uocant. Alii dicunt quod captat id ē
uidet. Nam tam acute cernit ut fulgore lumi
nis noctis tenebras ſuper. Unde a greco uenit
catus id eſt ingenioſus. apo toy kaɛɛ ſtaɪ.

Us puſillum
animal grecũ
illi nomen eſt
quicquid u ex eo cōtitur
latinum fit. Alii dicunt
mures quod ex humore terre naſcantur. Nam

Albert le Grand évoque aussi les prétendues vertus médicales des chats. Selon lui, on peut placer la chair d'un chat sauvage sur les membres souffrant de la goutte ; ingérer la bile d'un chat sauvage est bon pour les névralgies faciales et les tics ; une demi-once de bile de chat noire (mélangée à du jasmin d'Arabie) donne une poudre qui fait éternuer. Entre autres remèdes populaires, on pouvait aussi se frotter l'œil avec la queue d'un chat pour guérir de l'orgelet.

Un chat tenant une souris dans sa gueule accompagne un texte sur les vertus médicales et magiques des félins.

Secrets médicaux de Galien, Italie, milieu du XIVᵉ siècle.

Cet extrait d'un bestiaire, consacré aux chats, est illustré par un chat brun-roux qui se lave, un chat gris qui tient une souris et un chat blanc en pourchassant une autre. Les souris et les furets sont décrits plus bas.

Angleterre, début du XIIIᵉ siècle.

perent: rerum animalia inútu uenerio formas extrinsec
tus mittunt ut. eorumq; saciata typis. rapit species eorum
in ppam qualitatem; In anumantibz bigena dicunt q ex diu
sis nascunt. ut mulus: ex eq rasino. burdo ex equo z asina.
ybride ex aps z poreis. tyri ex oue z yrco. musmo ex capra z arie
te. est autem dux gregis; De M&SI

Musio apellatus
qd muribz infest sit.
hunc uulgus catum
a captura uocant. Alii
dicunt quod captat
·i· uidet; Nam tanto
acute cernit: ut ful
gore luminis noctis
tenebras supet; Vn
de a greco uenit catus idest ingeniosus; De muribz.

Mus pusillum animal grecum no
men .e. quicqd ñ ex eo trahit. lati
num sit; Alii dicunt mures qd ex umore
tre nascant; Nam humus tra z mus ·i· hu
implenilunio iecur crescit.
sicut quedam maritima augentur. que rur
sus minuente luna desiciunt;

De MVSTELA

Les chats apparaissent dans de nombreuses fables. L'une des plus célèbres, répétée dans quantité d'ouvrages comme le *Gesta Romanorum* (Hauts Faits des Romains) du XIIIᵉ siècle, raconte comment le renard se vante auprès du chat de posséder tout un sac de ruses, alors que le chat avoue n'en maîtriser qu'une, qui est de grimper dans un arbre quand il est poursuivi par des chiens. Alors que le renard et le chat se promènent ensemble, des chasseurs s'approchent avec leur meute. Le renard dit au chat de ne pas avoir peur, mais le chat décide de recourir à sa ruse et il escalade un arbre. Quand les chiens se jettent sur le renard, le chat lui crie : « Ouvre ton sac de ruses et aide-toi, puisqu'aucune de tes ruses ne t'aide ! »

Une autre fable du même recueil est l'histoire d'une souris qui crie au secours parce qu'elle est tombée dans un tonneau de bière. Un chat arrive et l'oblige à jurer que, s'il la sauve, la souris devra répondre chaque fois qu'il l'appellera. La souris accepte, le chat l'aide et la laisse partir. Un peu plus tard, le chat ayant faim va voir la souris et l'appelle, mais celle-ci refuse de sortir de son trou, disant qu'elle a peur du chat. Le chat exige qu'elle tienne sa promesse. La souris répond : « Mon frère, j'étais ivre quand j'ai promis, et je n'ai donc pas à garder mon serment. »

Un petit chat brun-roux contemple une souris qui s'enfuit.
Psautier et Heures, France, vers 1300.

Un chat gris mange une souris, entouré d'autres souris, d'un chien et d'une taupe.
Bestiaire, Angleterre, vers 1300.

ittit· quando canes insequentes patitur
quo brtatem subsequentu repellit·

relegus appllat
sit infestus. huic
aptura notato
ndet· Jam adeo

noctis tenebras uisu superet· unde a gretis ue
mosus· apostoll crta· hic tu stomacu tibo
festucis tarpitat glutit uel ita nomine procla
ual gretu ish nomen
d si ex eo trahit latinu
tres qd ex hiniore
am mus terra· unde
slentibus reuir crescit· sicut quidam mari
que rursum minuente lura desiciunt
eo qd rodat· in modu testis Isidat anti

ans les récits du *Roman de Renart*, Tibert le Chat est l'un de ses compagnons auquel le héros joue souvent des tours cruels. Dans une histoire, Renart dit à Tibert qu'il trouvera bien des souris à manger dans une grange appartenant à un prêtre. Tibert déclare qu'il aime les souris davantage que tout ce qu'un homme pourrait lui donner, y compris le gibier et les pâtisseries, et il prie Renart de le conduire à cet endroit. Cependant, quand Tibert entre dans la grange, il est aussitôt pris dans un piège tendu par le prêtre. Il apparaît que Renart était au courant : le piège lui était en fait destiné, car, la veille, il a volé une poule dans cette même grange. Tibert crie et miaule, il souffre énormément. Le prêtre vient saisir le voleur et commence à frapper Tibert, mais le chat réussit à s'enfuir.

Renart et Tibert assis au pied d'un arbre. ☞
Roman de Renart, France, 1339.

ct lechat est en vne
ne plain por de leur
oustient le couuerde
pe

s fu en mai autép nouel
li temps est serez tel
i come estoit lasreton
R. fu en sama ison

fi est conueou
elle a muae pl
n vne buche ila
ont eslaissie pr
auoir lepourw
et uen uens ou
e te menrai vs l
ais par foi soio
clmes et chapo
R. respout ya
e ten asseur no
tant semetten
uant aleuxe let
ait quil vindre
ni toute estoit
ier dist R. bie
ment pourroie
es pier sont si
in pouruns me
ict tibt ne vou
st bn ce coi vo
os senuont en

Cuirm lemm, lemlacht la cat

[« De la bière pour moi,
du lait frais pour un chat »],
proverbe médiéval irlandais.

🐟 Décoration de bordure montrant un chat attablé devant des assiettes bleues contenant du poisson et servi par de grandes souris.
Missel, Angleterre, milieu du XVᵉ siècle.

Un chat blanc mange une souris sous une initiale R. 🐟
Heures de la Vierge, Pays-Bas, XIIIᵉ-XIVᵉ siècles.

Les chats figurent parfois dans les proverbes. Dans sa *Confessio Amantis* (Confession d'un amant), John Gower, auteur du XIVᵉ siècle, utilise ainsi un dicton populaire où il est question d'un chat qui a envie de poisson mais refuse de tremper ses pattes : « comme un chat voudrait manger du poisson sans se mouiller les pattes ». C'est le proverbe auquel fait allusion lady Macbeth lorsqu'elle dit « Comme le pauvre chat de l'adage » (*Macbeth*, acte II, scène 7), qui a envie d'une chose mais n'a pas le courage de faire ce qui est nécessaire pour l'obtenir.

Selon un proverbe datant de 1383, attribué à John Wyclif, « Plus d'un homme de loi, par ses subtilités, a su retourner le chat dans la poêle » (faire paraître les choses le contraire de ce qu'elles sont). Dans la description d'un berger géant, tirée du roman du XIVᵉ siècle *Yvain et Gauvain*, son nez plat est qualifié de « coupé comme un chat ».

ne célèbre comptine sur Richard III dit que :

> Le Chat, le Rat et Lovell notre chien
> Gouvernent l'Angleterre sous le règne du Porc.

Il s'agit d'une allusion aux trois fidèles conseillers qui participaient à l'administration royale sous Richard III. Le « Chat » fait référence à William Catesby, président de la Chambre des communes, le « Rat » est sir Richard Ratcliffe, chevalier de l'ordre de la Jarretière, et « Lovell notre chien » est le vicomte Lovell, chevalier de la Jarretière, dont le symbole héraldique était un chien de race talbot.

Le chat, sauvage ou domestique, apparaît en héraldique ; en anglais, on les appelait *musion*, « chasseur de souris ». Selon une légende, le roi des Francs Childebert avait au VIᵉ siècle accordé à un chevalier français un blason représentant un chat emprisonné parce qu'il avait capturé Gundemar de Bourgogne, dont l'emblème était un chat.

On représente souvent chats et chiens en train de se battre : sur cette miniature de l'Annonciation, un chat gris rayé affronte un petit chien à poil lisse, apparemment indifférents à la présence de la Vierge et de l'archange Gabriel.

Heures de Londres, France, début du XVᵉ siècle.

ans les *Contes de Canterbury* de Chaucer, la Femme de Bath explique ce que lui disait jadis un de ses défunts maris :

> Tu disais aussi que j'étais comme une chatte,
> Parce que chatte à qui l'on a brûlé la peau
> Est chatte qui jamais ne sort plus du logis ;
> La chatte dont la peau reste luisante et belle
> Ne passe à la maison pas la moitié du jour,
> Mais elle s'en évade avant le point du jour
> Pour étaler sa peau et aller au matou.

L'idée de brûler la peau d'un chat renvoie à une croyance selon laquelle cela permettait de garder l'animal à la maison. Au XIIIᵉ siècle, Eudes de Cheriton expliquait : « Si un chat refuse de rester à la maison, raccourcissez-lui la queue et brûlez sa fourrure. Cela vaut aussi pour les femmes » (il pense aux élégantes vaniteuses qui portent en public des robes à longue traîne). Jacques de Vitry propose un exemple semblable : un beau chat vagabonde jusqu'au jour où son maître lui brûle la queue et lui arrache les poils, ce qui rend l'animal trop honteux pour quitter la maison.

Si la Femme de Bath était accusée par son époux d'être une chatte, elle le disait, lui, « aussi ivre qu'une souris », ce qui souligne la nature prédatrice de cette femme qui accumule les maris. Pour ajouter au symbolisme, la chatte était selon Aristote une créature très luxurieuse.

Un chat avec une souris dans la gueule (en haut) se promène parmi différents personnages, dont un chevalier muni d'un sabre et d'un bouclier qui se bat contre un démon grotesque, et une femme en robe verte.

Psautier, Flandres, vers 1320-1330.

Qui non derelinques
animam meam in infer
no nec dabis sctm tuum
videre corruptionem.
Notas michi fecisti vi
as vite adimplebis
me leticia cum vultu tu
o: delectationes in dex
tera tua usqz in finem.
Exaudi domine
iusticiam meam
intende deptatio
nem meam.

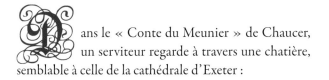

ans le « Conte du Meunier » de Chaucer, un serviteur regarde à travers une chatière, semblable à celle de la cathédrale d'Exeter :

> Il aperçut un trou, en bas, dans une planche,
> Par où le chat souvent s'échappait du logis.

Dans le même conte, le désir d'Absolon pour Alison est comparé à la relation du chat avec la souris :

> Je pense bien que si elle eût été souris,
> Et lui chat, il l'aurait aussitôt capturée.

Un gros chat noir est suivi d'un chaton, tandis que la tête d'un troisième sort du cadre.

Bestiaire, Angleterre, milieu du XIIIᵉ siècle.

Sous une scène représentant la remise d'une bague, un gros chat surveille un trou de souris.

Psautier d'Ormesby, Angleterre, fin du XIIIᵉ/début du XIVᵉ siècle.

imq̇ die inuocauero te: uelo

udi me.

cerunt sicut fumus dies mei:

lea sicut cremium aruerunt.

s sum ut fenū ⁊ aruit cor meū:

tus sum comedere panem meū.

mitus mei: adhesit os meum

Dans son « Conte de l'Intendant », Chaucer compare à un chat domestique une épouse luxurieuse qu'on ne peut dompter en l'enfermant au logis ; même si on la gâte en lui offrant du lait et de la viande, même si on lui offre une couche de soie, elle quittera tout ce luxe pour aller chasser la souris.

> Prenez un chat et le nourrissez de bon lait,
> De viande tendre, et lui donnez un lit de soie.
> S'il voit une souris filer le long du mur
> Il oubliera le lait, la viande et tout le reste,
> Tout ce que ce logis offre de délicat,
> Si grande est son envie de croquer la souris.
> Hélas, en cet instant, le désir le possède
> Et l'appétit lui fait perdre sa discrétion.

Un chat brun-rouge mange une souris noire au-dessus d'une initiale D décorée (l'Annonciation aux bergers).
Psautier et Heures, France, vers 1300.

66

eus
in ad
iuto
riü
me
un
inte
de.
o
mi

ne ad adiuuandū me festina.
loria pat et filio et spū scō.
cut erat in principio. alla.
rgo singularis hymne
nter omnes mitis: nos
culpis solutos; mites fac r cas

ans la correspondance qu'échangea entre 1395 et 1402 Margherita di Domenico Bandini, habitant Florence, avec son mari Francesco di Marco Datini, alors à Prato, se glissent de nombreuses références à leurs chats. Il est question de la difficulté qu'il y a à trouver un mâle adéquat pour que leur chatte ait des petits (Margherita ne put en découvrir un à Florence et dut envoyer la chatte à Francesco, à Prato), on envoie des félins en voiture d'une ville à l'autre, on les offre en cadeau comme animaux de compagnie, et l'on évoque les dangers encourus par les chats qui tentent de s'enfuir de la maison (on essayait souvent de les attacher).

Un chat minutieusement dessiné suit une souris.

Herbier, Italie, vers 1440.

Galc

Saxofra lata alio noie
dr auan atia pes lepori
nus sanu m. unda h ba bene
dicta a' gario fillatim
sigano fila ni e queda
cofectio.

.Gatus siue gata q
latine musipula . dr

ans l'Europe médiévale, les campagnes étaient pleines de chats sauvages. Dans son *Livre de chasse*, Gaston Phébus les décrit ainsi : « Il y a diverses manières de chats sauvages, spécialement il y en a qui sont grands comme léopards [...] Ils vivent de ce qu'autres chats vivent, sauf qu'ils prennent des gélines [poules] et des œufs, et une chèvre ou une brebis s'ils la trouvent toute seule, car ils sont ainsi grands qu'un loup, et ont presque la forme d'un léopard, mais ils n'ont pas si longue queue [...] On le chasse rarement, et quand des chiens le trouvent d'aventure, il ne se fait pas longuement chasser, mais se met tantôt en défense ou il monte sur un arbre [...] Ils portent et sont en amour comme un autre chat, mais ils ne font de leurs chatons que deux. » Dans la traduction qu'en donne Edouard, duc d'York, sous le titre *Le Maître du gibier*, il ajoute : « Des chats sauvages ordinaires je n'ai guère besoin de parler, car tout chasseur en Angleterre les connaît, et leur fausseté et méchanceté sont bien connues. »

Une miniature en pleine page représentant du gibier dans un jardin clos, dont un chat sauvage en haut à droite, parmi les renards, les cerfs et les sangliers.

Le Maître du gibier, par Edouard, duc d'York, Angleterre, milieu du XVe siècle.

Dessin à l'encre d'un chat sauvage étendu, toutes griffes dehors, gueule ouverte et moustaches au vent, combattant un dragon.

Psautier de la reine Marie, Angleterre, 1310-1320.

Le chat était souvent associé à l'hérésie. Dans son livre *De fide catholica contra haereticos* (Contre les hérétiques), le théologien du XIIe siècle Alain de Lille affirme à propos des cathares que leur nom vient du mot « chat ». Il explique que les cathares vouaient un culte à un gros chat noir, qui était en réalité le diable déguisé, et qu'ils lui baisaient le postérieur durant leurs offices religieux.

Son contemporain, Walter Map, originaire des marches galloises, répéta la même calomnie contre les *Publicani* d'Angleterre, autre secte hérétique. Il raconte en détail comment ils attendaient dans le noir jusqu'à ce qu'un chat noir « de taille extraordinaire » descende une corde, après quoi ils l'embrassaient partout, surtout autour de la queue. Les vaudois étaient également accusés de pratiques similaires, et l'une des accusations portées contre les Templiers lors de leur procès en 1309 était d'adorer un chat diabolique.

Une initiale P du psaume 118 ornée d'un chat bleu.
Psautier, Angleterre, 1200.

Un chat, une souris brune dans la gueule, se tapit au-dessus d'une initiale B où le roi David accorde sa harpe.
Psautier de Luttrell, Angleterre, vers 1325-1335.

Beatus uir
b(it) in con(silio impio)-
rum: (e)t in (uia peccato)-
rum non: (in ca)-
thedra pes(tilencie)
(se)dit.

(Se)t in lege domini uolu(ntas)

i le chat était associé à la magie, à l'hérésie et à la sorcellerie, cela tient en partie à son statut particulier d'animal à la fois sauvage et domestique. En Irlande, à Kilkenny, Alice Kyteler fut accusée, durant son procès pour hérésie en 1324, d'avoir un incube démoniaque qui apparaissait sous l'aspect d'un chat noir très velu, et d'avoir empoisonné ses quatre maris. Alice put se réfugier en Angleterre, mais sa servante Petronella n'eut pas cette chance : accusée d'être la complice d'Alice, elle périt sur le bûcher.

Le premier félin mentionné dans un procès de sorcière en Angleterre, en 1556, était un chat blanc tacheté, qui portait le nom bien choisi de Satan, et appartenait à une certaine Elizabeth Francis. Sa grand-mère lui avait offert cet animal quand elle avait accepté de renier Dieu. Le chat Satan lui parlait régulièrement « d'une étrange voix caverneuse » et avait des pouvoirs considérables. Cependant, après chaque action accomplie pour Elizabeth par Satan le chat, elle devait lui donner en échange une goutte de son sang.

Un chat ailé s'envole tandis qu'un homme le vise avec son arc (ci-contre) ; et un homme tire une flèche sur un chat blanc qui grimpe à un arbre (ci-dessous).
Heures de la Vierge, XIIIᵉ-XIVᵉ siècles.

ephane mmm oz
ine mmmmm— oz
lete mmmmmm— oz
lemens mmmm— oz
yte mmmmmm— oz
onate mmmm— oz
polite mmmm— oz
aurenti mmm— oz
incenti mmm— oz
georgi mmm— oz
ponli cu coal

Les histoires de femmes qui se transforment en chattes (et *vice versa*) étaient courantes dans la littérature médiévale. Au XIIIᵉ siècle, dans *Otia imperialia* (Divertissements pour un empereur), Gervais de Tilbury évoque des femmes blessées alors qu'elles avaient pris forme féline, et qui arboraient les mêmes blessures quand elles redevenaient humaines. Le *Malleus Maleficarum* (Marteau des sorcières), célèbre traité rédigé en 1486, raconte une histoire similaire. Un jour, alors qu'il coupait du bois dans la forêt, un homme fut attaqué par trois chattes, et réussit de justesse à leur échapper en les frappant. Il fut par la suite arrêté, car on l'accusait d'avoir roué de coups trois honnêtes dames de la ville. À la fin, il parvint à convaincre le magistrat qu'il disait vrai.

Une tête de chat, avec du feuillage qui lui sort des oreilles, orne la bordure supérieure d'un livre d'heures italien.
Heures Sforza, Italie, vers 1490.

Un chat et un centaure s'affrontent, chacun levant une patte avant.
Psautier d'Oscott, Angleterre, vers 1265-1270.

defecit ignis.

Bocutus sum in lingua
mea: notum fac michi domine
finem meum.

Et numerum dierum meorum
quis est ut sciam quid desit michi

es chats étaient souvent comparés au diable ou à la mort. Ouvrage datant du milieu du XIVe siècle, *Ayenbite of Inwyt* (L'Aiguillon de la conscience) répétait le proverbe populaire selon lequel le diable joue avec le pécheur comme le chat avec la souris. Au début du XIIIe siècle, Eudes de Cheriton explorait l'idée du chat-diable, expliquant que le chat qui mange des souris est comme le diable qui tente ceux qui désobéissent aux enseignements de l'Église, pour les dévorer et les jeter en enfer. Dans son livre sur la chasse, Edouard, duc d'York, affirmait que « si un animal a bien l'esprit du diable, c'est le chat ».

Un chat gris au museau étrange, dans le *De medicina ex animalibus* (Des médecines tirées des animaux) de Sextus Placitus.
Angleterre, fin du XIIe siècle.

Un lion et un chat sont assis au pied de la tombe de sainte Catherine sur le mont Sinaï.
Psautier de la reine Marie, Angleterre, 1310-1320.

nmo gie

nim maq

catus est:

eta sceuso

in mate·

Au XVIᵉ siècle, Érasme écrivait que, tout comme certains n'aiment pas le fromage, d'autres n'aiment pas les chats à cause de leurs vertus occultes. Son contemporain Cornelius Agrippa affirmait que les chats (ainsi que les loups et les taupes, entre autres animaux) étaient sous l'influence de la planète Saturne. Pour cette raison, ils étaient très mélancoliques et solitaires, comme la nuit elle-même.

Dans *L'Évangile des quenouilles*, texte du XVᵉ siècle, Jean d'Arras réunit les récits contés par les femmes qui filent la laine. Il y est question de la faculté qu'ont les chats de prédire le temps qu'il va faire : « Quand vous voyez un chat assis sur une fenêtre au soleil, qui lèche son derrière, et la patte qu'il lève ne porte au-dessus de l'oreille, il ne vous convient douter que celle journée il ne pleuve. »

Un chat blanc, représenté dans le *De medicina ex animalibus* (Des médecines tirées des animaux), de Sextus Placitus.

Angleterre, fin du XIIᵉ siècle.

Des singes et un chat lisent des livres en compagnie d'un homme barbu.

Roman d'Alexandre, Flandres, 1338-1344.

Bien de .uij. lieues / ne vous en quier mentir
cor̃e iporries / autre merueille oir
poissies iomture / ne veoir ne sentir
ant il orent fait lueure / trestout a lor plesir
n tout seul chapitel / le font desus courir
sel de fin or / por cel oeure acomplir
at sus le chapitel / par grant enging tenir
palemel dargent / li font du bec issir
el que vent que ientre / quant il i puet ferir
stous autres oisiaus / fait cele part venir
s les font pardefors / tout de fin or bruinr
ant li solaus reluist / tant le fait esclarcir

Les *Grandes Chroniques de France* évoquent les pouvoirs magiques de la peau du chat noir. En 1323, les moines de l'abbaye cistercienne de Serquigny demandèrent à un nommé Jean Prévost de découvrir qui avait dérobé une partie de leur argent. Avec l'aide de Jean Persant, un magicien, ils placèrent un chat noir dans un coffre, avec de la nourriture et de l'eau bénite, qu'ils enterrèrent à un carrefour. Deux tuyaux reliant le coffret à la surface permettaient au chat de respirer. Ils prévoyaient de déterrer le coffre au bout de trois jours, d'écorcher le chat et de former un cercle magique avec sa peau. À l'intérieur du cercle, le magicien invoquerait alors un démon nommé Berich, qui révélerait l'identité du voleur. Cependant, avant d'en arriver là, on entendit le chat miauler : un juge local ordonna qu'on creuse et l'on trouva la malheureuse bête. Tous les conspirateurs furent démasqués. Jean Prévost mourut en prison, et son corps fut brûlé. Jean Persant fut condamné au bûcher, avec le chat noir attaché autour du cou, tandis que les autres, l'abbé de Serquigny, certains chanoines réguliers et un moine de Cîteaux furent dégradés et emprisonnés à vie.

Un gros chat noir et une souris, avec en dessous une souris et un furet, illustrent le texte d'un bestiaire.

Angleterre, milieu à fin du XIIIe siècle.

rapit speciei hoy in ipam qltitatem. In
nestauit. uc mulus ge equa et asino.
tus. tyrius ge oue hyrto musino. ge cap
ul' cato q̈ acute uidet ꞇ in tenebris.

ab humore a quo gignitur: dicit.
nomen est. quicquid
Alii dicunt mures
Ham mus terra et humus. his in
tima augentur. que rursus in uiuen
ali sagaci.

in telon gren
ubdola in do
uerit de loco ad locum tussert mina
. Duo eñ earú genera sunt. Altera añ
ctudas uocant. altera in domib; ob

nostri: quesiui bona tibi

loria patri. Añ. Nigra sum sed
formosa filia iherusalem ideo dilexit me
rex & introduxit me in cubiculum suum
Añt. Iam hyems. Psalm?
isi dominus edificauerit do
mum in vanum laborauerunt qui e
dificant eam

isi dominus custodierit ciuita
tem frustra uigilat qui custodit eam.
anum est vobis ante lucem sur
gere surgite postq̃ sederitis qui man
ducatis panem doloris.

um dederit dilectis suis som
num ecce hereditas domini filii mer
ces fructus ventris.

icut sagitte in manu potentis
ita filii excussorum

eatus vir qui impleuit desideri
um suum ex ipsis non confundetur
cum loquetur inimicis suis in porta:

Le chat comme créature dotée de pouvoirs magiques est très présent dans la littérature médiévale. Dans le conte en vieil irlandais *Imram Curaig Maíle Dúin* (Le Voyage du bateau de Maíle Dúin), un petit chat garde un trésor sur une île déserte. Quand l'un des amis de Maíle Dúin tente de dérober un joyau, le chat lui saute dessus et le réduit en cendres.

Dans l'épopée en vieil irlandais *Táin Bó Cúailnge* (Le Vol de bétail de Colley), le héros Cú Chulainn possède, parmi ses talents de combattant, l'énigmatique « coup du chat ». Dans les sagas scandinaves, Thor est piégé par les géants, qui le mettent au défi de ramasser un gros chat gris. Thor ne parvient à soulever que l'une des pattes du chat, car l'animal fait le gros dos chaque fois qu'on s'approche et il devient impossible à déplacer. Il s'avère bientôt que le chat n'est qu'un déguisement du grand serpent qui encercle le monde.

Un chat tient une souris entre ses pattes.
Livre d'heures, Pays-Bas, milieu du XVe siècle.

Deux gros chats poursuivent quatre souris.
Livre d'heures, France, début du XVIe siècle.

ans le *Roman de Merlin*, le roi Arthur combat un chat géant qui se léchait les griffes quand elles étaient ensanglantées. Le chat a été trouvé par un pêcheur, pris dans son filet, alors qu'il n'était encore qu'un chaton. Le pêcheur décida qu'il avait besoin de l'animal pour capturer les souris et le rapporta chez lui. Il soigna le chat jusqu'au jour où celui-ci l'étrangla, ainsi que sa femme et ses enfants. Le chat monstrueux était « grand et horrible », puis s'enfuit dans une montagne, détruisant tout sur son passage, jusqu'au jour où il fut vaincu par le roi Arthur.

Un petit chat brun-roux est accroupi, une souris dans la gueule.
Psautier et Heures, France, vers 1300.

Dessin à la plume d'un chat se léchant la patte, tiré du *De medicina ex animalibus* (Des médecines tirées des animaux) par Sextus Placitus.
Angleterre, fin du XIe siècle.

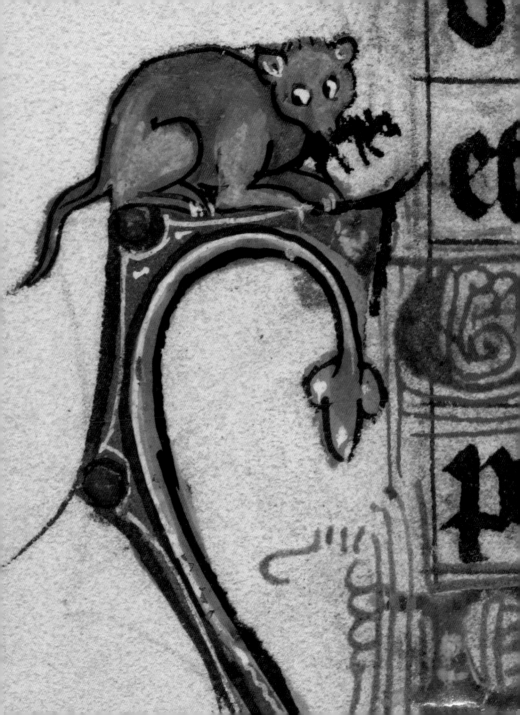

ans l'iconographie, le chat était couramment associé aux instruments à cordes, peut-être parce qu'elles étaient censément en boyau de chat (elles provenaient en réalité d'intestins de mouton). Vers 1500, il existait même à Londres une auberge appelée *Le Catt cum le Fydell*, « Le Chat et le Violon ».

Une série d'animaux musiciens en marge des manuscrits : un chat gris rayé se tient debout pour jouer du rebec (en haut) ; un chat se dresse sur l'herbe pour jouer de la cornemuse (ci-contre) ; un chat noir assis sur une touffe d'herbe se fourre une souris dans la gueule et, de l'autre patte, joue du psaltérion (en bas).

Livre d'heures, Angleterre, vers 1320-1330.

interemptorum·

Ut annuncient in syon
nomē domini· et laudē
eius in ierusalem·

In conueniendo iplos in
unū·et reges ut siuāt dūo·

Respondit ei in uia virtutis
sue paucitatem dierum·

meorum nūcia michi·

Ne reuoces me i dimidio
dierum meorū· in gene

B.M

n trouve des traces des chats du Moyen Âge aux endroits les plus inattendus. Dans un exemplaire de la *Summa de casibus conscientiae* (Les Cas de conscience) d'Artesanus de Ast, imprimé en 1472-1473, on voit à la page 259 trois empreintes d'un chat qui avait mis les pattes dans l'encre. Sans doute l'imprimeur avait-il posé les pages imprimées sur des bancs ou des tables pour qu'elles sèchent, et c'est là que son chat se sera promené sur le papier.

Un chat blanc joue de l'orgue.
Livre d'heures, France, XVe siècle.

Un chat brun roux mangeant une souris.
Psautier et Heures, France, vers 1300.

t lcandum multitudi
rem miferationum tuaru
cle iniquitatem meam.
mplius laua me ab in
quitate mea: et a pctato n

BIBLIOGRAPHIE

Sources primaires

J. L. Baird, G. Baglivi et J. R. Kane (tr. et éd.), *The Chronicle of Salimbene de Adam* (Binghamton, NY : Medieval and Renaissance Texts and Studies, 1986) [cité p. 24 et 44].

R. Barber, *Bestiary : Being an English Version of the Bodleian Library, Oxford, MS Bodley 764* (Woodbridge, Suffold : Boydell Press, 2010).

Eleanor Hull, *The Poem Book of the Gael : Translations from Irish Gaelic Poetry into English Prose and Verse* (Londres : Chatto & Windus, 1912) [Pangur Bán, cité p. 35].

Albert le Grand, *On Animals : A Medieval Summa Zoologica*, tr. Kenneth F. Kitchell et Irven Michael Resnick, 2 vol. (Baltimore : Johns Hopkins University Press, 1999) [cité p. 50].

Patricia Terry, tr., *Renard the Fox* (Berkeley et Los Angeles : University of California Press, 1992, 1ʳᵉ édition 1983).

Illustration des pages de garde : Une série de guerres entre chats et souris. Livres d'heures, Angleterre, vers 1320-1330 (BL, HARLEY 6563).

Sources secondaires

W. George et B. Yapp, *The Naming of the Beasts : Natural History in the Medieval Bestiary* (Londres : Duckworth, 1991).

D. Gray, « Notes on some medieval mystical, magical and moral cats », in Helen Phillips, dir., *Langland, the Mystics and the Medieval English Religious Tradition : Essays in Honour of S.S. Hussey* (Cambridge : D. S. Brewer, 1990), p. 185-202.

M. H. Jones, « Cats and cat-skinning in late medieval art and life », in Sieglinde Hartmann, dir., *Fauna and Flora in the Middle Ages : Studies of the Medieval Environment and its Impact on the Human Mind* (Francfort : Peter Lang, 2007), p. 97-112.

S. Lipton, « Jews, heretics, and the sign of the cat in the Bible moralisée », *Word and Image* 8 : 4 (1992), p. 362-377.

B. Newman, « The cattes tale : A Chaucer apocryphon », *The Chaucer Review* 26.4 (1992), p. 411-423.

E. Power, *Medieval English Nunneries, c. 1275 to 1535* (Cambridge : Cambridge University Press, 1922).

Brigitte Resl, dir., *A Cultural History of Animals in the Middle Ages* (New York : Berg, 2007).

J. E. Salisbury, *The Beast within : Animals in the Middle Ages* (Londres : Routledge, 2010).

RÉFÉRENCES

p. 6 : Bodl., Bodley 546, F. 40V
p. 8 : Bl, Add. 48978, F. 47V
p. 9 : Bodl, Ashmole 1525, F. 14R
p. 11 : Bl, Add. 42,130, F. 190R.
p. 12 : Bl, Royal 12 F XIIII, F. 43R
p. 13 : Bl, Add. 62,925, F. 60R
p. 14 : Bl, Harley 4751, F. 30V
p. 15 : Bl, Royal 12 C. XIX, F. 36R
p. 16 : Bold., Douce 335, F. 26V
p. 16-17 : Bl, Sloane 4016, F. 62.
p. 18 : Bodl., Bodley 614, F. 3R
p. 19 : Bl, Yates Thompson 8, F. 178R
p. 20 : Bl, Add. 35,313, F. Iv
p. 21 : Bodl., Douce 29, F. 56R
p. 22 : Bodl., Douce 29, F. 23V
p. 23 : Bodl., Liturg. 58, F. 116V
p. 24 : Bl, Stowe 17, F. 129V
p. 25 : Bl, Egerton 1151, F. 9V
p. 26 : Bl, Yates Thompson 15, F. 158V
p. 27 : Bl, Royal 2 B. VII, F. 194R
p. 28 : Bodl., Douce 62, F. 139R
p. 29 : Bodl., Douce 131, F. 20R
p. 30 : Bodl., Douce 151, F. 29V
p. 31 : Bl, Harley 3753, F. 28V
p. 32 : Bl, Sloane 3544, F. 20V
p. 33 : Bl, Cotton Nero D IV, F. 139R
p. 34 : Bodl., Ashmole 1525, F. 40R
p. 35 : Bold., Canon Liturg. 92, F. 103R
p. 36-37 : Bl, Royal 20 B Xx, F. 77V
p. 38 : Bl, Add. 35,254, F. K
p. 39 : Bl, Stowe 17, F. 34R
p. 40 : Bl, Harley 928, F. 44V
p. 41 : Bl, Harley 3053, F. 56V
p. 42-43 : Bl, Add. Ms 35,313, F. 16R
p. 44-45 : Bodl., Douce 135, 17V
p. 46 : Bl, Add. 11,283, F. 15R

p. 47 : Bodl., Ashmole 1504, F. 32V
p. 48-49 : Bl, Add. 11,390, F. 21
p. 50 : Bodl., Ashmole 1525, F. 109R
p. 51 : Bodl., Bodley 764, F. 51R
p. 52 : Bodl., Rawlinson C. 328, F. 123V
p. 53 : Bodl., Ashmole 1511, F. 35V
p. 54 : Bl, Yates Thompson 15, F. 188V
p. 55 : Bodl., Douce 88, F. 95R
p. 56-57 : Bodl., Douce 360, F. 99R
p. 58 : Bodl., Laud Misc. 302, F. 210R
p. 59 : Bl, Stowe 17, F. 75V
p. 60-61 : Bl, Add. Ms 29433, F. 20
p. 63 : Bodl., Douce 5, F. 44R
p. 64 : Bodl., Bodley 533, F. 13R
p. 65 : Bodl., Douce 366, F. 131R
p. 66-67 : Bl, Yates Thompson 15, F. 314V
p. 68-69 : Bl, Sloane 4015, F. 40
p. 70 : Bl, Royal 2 B. VII, F. 188R
p. 71 : Bodl., Bodley 546, F. 3V
p. 72 : Bodl., Gough Liturg. 2, F. 126V
p. 73 : Bl, Add. 42,130, F. 13R
p. 74-75 : Bl, Stowe 17, Ff. 174R, 258V Et 259R
p. 76 : Bl, Add. 34294, F. 48
p. 77 : Bl, Add. 50,000, F. 66V
p. 78 : Bl, Sloane 1975, F. 86V
p. 79 : Bl, Royal 2 B. VII, F. 284R
p. 80 : Bodl., Ahmole 1462, F. 58V
p. 81 : Bodl., Bodley 264 Pt. 1, F. 96R
p. 82-83 : Bl, Harley 3244, F. 49V
p. 84 : Bodl, Douce 276, F. 53V
p. 85 : Bold., Douce 248, F. 210R
p. 86 : Bodl., Bodley 130, F. 90V
p. 87 : Bl, Yates Thompson 15, F. 27V
p. 88-89 : Bl, Harley 6563, Ff. 40R, 40V Et 43V
p. 90 : Bl, Yates Thompson 15, F. 215V
p. 91 : Bodl., Douce 80, F. 106V

de agresto venit catul idest

ſt   o n e.

usio apellatur
qd muribʒ infeſt ſit.
hunc uulguſ catum
a captura uocant. Alu
dicunt quod captat
·i· uidet; Nam tanto
acute cernit: ut ſul
goze luminif noctif
tenebraſ ſupet; yn
genioſuſ; De muribʒ.
lium animal grecum no

Ce volume,
publié aux Éditions Les Belles Lettres
a été achevé d'imprimer
en octobre 2013
sur les presses
de la l'imprimerie SEPEC
01960 Peronnas

N° d'éditeur : 7703
N° d'imprimeur : 0542513765
Dépôt légal : novembre 2013
Imprimé en France

IMPRIM'VERT®

PEFC™ **10-31-1470** / **Certifié PEFC** / Ce produit est issu de forêts gérées durablement et de sources contrôlées. / pefc-france.org

greſſus meos.
Et imiſit in os meum
canticum nouū; car
men do noſtro.
Uidebunt multi ⁊ time
bunt; ⁊ ſꝑabunt i dño.
Beatus uir cuius eſt